JN439101

풀물이 들다

황예순 시집

풀물이 들다

초판1쇄 발행 2021년 12월 3일

지은이 황예순
펴낸이 이길안
펴낸곳 세종출판사

주소 부산광역시 중구 흑교로 71번길 12 (보수동2가)
전화 463－5898, 253－2213~5
팩스 248－4880
전자우편 sjpl5898@daum.net
출판등록 제02-01-96

ISBN 979-11-5979-479-7 03810

정가 10,000 원

본 도서는 한국예술인복지재단 2021년 하반기 창작지원금 지원사업으로 발간되었습니다

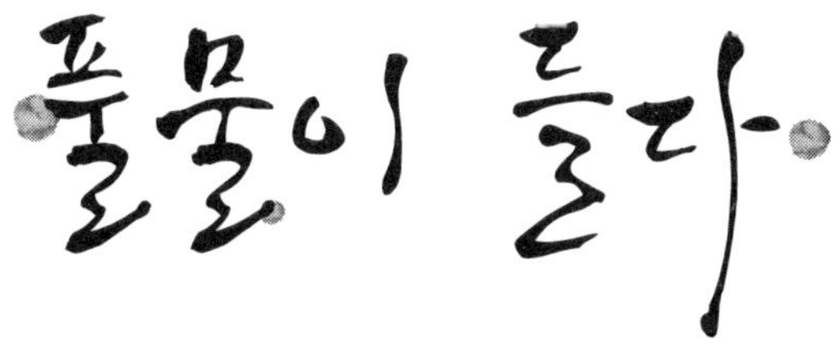

황 예 순 시집

세종출판사

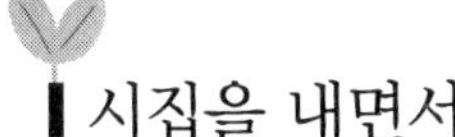

시집을 내면서

시詩를 통하여
가슴속에 묻어 두었던
꾸러미를 하나둘씩 내어 놓았다
누군가에게
보내는 것이 아니라
나를 향해 보내는 것이 먼저다
사는 게
늘 남을 향해 있었다면
젊음에 의한 것이었으리라
이제 아쉬움도 추억이 되어 버린 나이
행복하였다고
행복하게 바라볼 뿐이다
멀리서 혹은 가까이서
응원을 아끼지 않으신 분들과
희로애락을 같이하는 가족께
감사드리는 마음이다

2021년 겨울에

황예순

차례

2부

3부

4부

5부

6부

1부

봄

툴툴 털고 나온 흙
보송보송
빗방울 머금고
보드라운 바람
새싹 마중을 보내왔다
봄이 무르익을 때
하얀 꽃을 안고 서 있는
이팝나무는 흠뻑
순수에 젖었다

진달래꽃으로 진홍빛 물들어
꽃물 화사한 골짜기마다
물소리 바람 소리 화창하고
하늘 아래 한바탕 펼치는
꽃 무대 봄의 광장에
새들 화음이 아름다워 나비 춤춘다
날아다니는 아지랑이
산자락에 든 꽃물, 꽃불이 되었다
꽃이야
나비야
어울려 추는 봄
가난한 우리들이 살 만한 계절이다

물레방아 집

장안사 가는 길에 눈에 찍었다가
돌아오는 길에
들렀다
물레방아 집 전경이
오월의 풍경으로 드는 것은
기억의 아우라 때문일까
반가운 마음에 다투어 들어가
다시 칸막이 방으로 들어갔다
땅속에서 계절을 나고
독을 깨고 있을
항아리의 김치 맛을 제치고

갓 구어 낸 빵 냄새가 들어왔다
구수하다
손으로 뜨는 주부 9단의 솜씨가
손맛을 더했는지
리필해 놓고
이야기의 물레방아를 돌리는
여인들의 웃음이 빵을 굽는
물레방아 집

버들가지의 어느 날

가지 끝에
　　낭창낭창
봄 그네를 타는구나
　　향단이가 밀어 주면
봄바람에
　　실려 갈까
치마 한 폭 떨어질라
보는 눈길
　　아슬하다

단비효과

양철지붕 골 따라
떨어지는 소낙비
그렇게 듣고 싶었는지 몰라
무쇠 소리라고

저수지 바닥이 마른 심장을
드러낸다고
가뭄에 태산같이 걱정하던
농사꾼의 아내 얼굴에
화색이 돌겠네

괜한 일에도
웃음 해갈을 하시던
어머니
기우제라도 지내실 모양이다

흙내에
뿌리를 내리지 못하던 벼이삭
파아라니 웃는다

가느다란 빗줄기에서
무쇠 뚫는 소리 난다

불청객

폭염의 방문에
무방비 상태다
노후된 발전소 몇 호기는
관절을 잃고
전력대란이라고
야단이다

시간대로 올라가는 요금제
에너지 절약 슬로건에
관공서 에어컨 눈금이 고정되고

넥타이까지 풀어헤친
사무실 풍경이 정겨워지는 것은
폭염의 방문에 시민을 위한
시민에 의한

푹푹 찐다
범보다 무서운
여름 손님 폭염에

기장에서

바다에서
막 건져 올린
물오른 멸치들이 퍼덕인다

그물 털어내는 소리
어부의 만선에
모여드는 사람들

짜릿하게
전라로 드러누운
미역과 다시마
초고추장을 버무리면

입술보다 진하게
목구멍을 자극한다

멸치 횟감이 버무려지기 기다린다
줄
줄
이

봄비

온천천 가로수 길
만개한 벚꽃놀이에
봄은 무르익어 가네

바람이 불면 부는 대로
화음을 이루는 꽃비의
낙화 곡선 속에

우산을 펴지 않고
그대로 젖는
봄의 아우성 즐거운 비명이다

길을 따라 흐르는
온천친의 물길 따라 걷는
축제의 팡파르 부르네

잎새의 봄

산의 능선마다
풍경을 담은 소담스런
소리가 들린다

인산인해人山人海의 물결
저마다 고운 자태로
벗처럼 찾아와 산골짝을 메운다

꽃비가 되어
떠난
꽃 진 자리에 파랗게
돋아나는 속살

잎새의 봄은
다시
희망의 풍요를 노래한다

우포늪에서, 산문

철새 떼 부리를 쪼는 소리에 갈대가 어깨를 부딪치고 있다 겨울바람이 발을 옮기는 소리 어깨가 으슥하여 시린 냉기가 전해 오는 늪가에 수양버들의 처진 가지가 애잔하다 늦가을 철새 떼 날아들어 활기가 넘치는 곳 푸드득 푸드득 날개 접는 소리에 한시도 조용하지 않는 새가 되었다가도 나목이 되어가는 나무 곁에는 비상을 꿈꾸는 한 그루 그림자가 되어 본다

가을은, 가을에

가을은
설익은 감들이 떨어진
지붕 위에는
박꽃이 두고 간 넝쿨도 있어

가을은
발걸음을 옮길 적마다
풍경에 든다

가을에
파스텔의 빛깔
단아한 옷을 입고
코스모스들이
들녘을 메웠다

사람들 행렬에
들길은 들길대로
들녘은 들녘대로
아름다운 절정의 풍작이다

사람들은 길을 보고
코스모스는 사람들을 불러 모으고
백만 송이 코스모스들이
북천 들녘에서 축제를 한다

호수

운무는
가라앉고

샛별은
떠났는데

적막한
고요는

물 위에 달처럼
환하다

수영천의 여름밤

해가 서산으로 기울어 가면
밤은 기다린 듯이
물고기들을 불러 모아
지느러미를 밀며 물 위로 폴짝거리며
수중헤엄치기에 시끄럽다

별빛의 반짝거림은
은빛 비늘의 전당이다
바쁜 일 제쳐두고 따라 흐르면

웃음 지을 일 한두 가지인가
물고기의 재롱에
목젖을 두르던
회색빛 하루 뚫러 나가고
무지개 서는 마음을 선물 받는다

바람고개 시화전

바람도 잠시 쉬어 가는
황령산 바람고개에서 만난
시인들의 노래를 읽고 있다

나무숲도 쉿, 쉿
작은 꽃도 쉿, 쉿

바람의 시 읽기를 즐기고 있다

그 모양에 취해서
서로서로의 몸짓으로
부드러운 시선의 향기를 가까이

가까이, 길 위의 독자들
발길 멈추고 가슴에 시를 담는
바람고개 숲속에 햇살이 돌아왔다

메밀꽃

하나보다
여럿이 있어야 더 하얗게 보이는
메밀꽃
그믐밤
보름달빛 속에 핀
꽃처럼
밤은 하얗다

삼복더위

턱턱 막히는
숨
열대야의 한반도는
밤을 잊고
에베레스트 산맥 빙하는
눈물을 흘리고 있다

백목련

어둠 속에서 더 환히 보이는
순백의 결정체
백일이 그리 멀었든가

서둘러 두고 간 흔적
땅 위에 흐드러져
봄이 서러워하는 대낮의 어둠
이것이 슬픔이다

꽃 진 자리 파랗게 돋아난 잎새
초록등불이 되기까지
목련꽃 떨어지는 소리 서러움에
삼월 어느 날 봄은
그렇게 지나갔다

보수동 책방골목

오래된 이야기가 생각나면 찾아가는
보수동 책방골목에서
마치 옛 시인의 길을 만나듯
설렘을 감추지 못한다

골목에 들어서자마자
확 풍기는 누룩 냄새 같은 감칠맛
그것에 끌려갔다

누구를 만나겠다고 나서지 않았어도
손에 잡히는 낡은 책에
그대로 시를 써 놓고 있는
시인을 만나는 날 신선한 생동에 빠졌다

아픔도
슬픔도
고독도
번뇌도
구태의연한 나의 것임을 들켰다

써라
써라
엉터리로 써라
채찍 여러 대 맞고 골목을 빠져나와
우수수 부서져 내리는
시의 뼈대를 맞추고 있다

그대와 함께

강렬하게 내리쬐는 햇살 아래
진득한 열기
여름은 여름답게 눈부신 자국
토해 내고 있다

에메랄드 빛 사이로
어깨를 맞대고 걸어가는 여인들 발자국들
사랑의 꽃밭을 이루는 백사장

밀려왔다
밀려가는 파도 소리
물 나름의 흔적
사랑이었으리

넉넉해지고 풍만해지는 바다
달빛을 털어 놓으며
오작교의 전설을 읽고 있다

그럼에도

바늘귀 같은 다리로
기우뚱기우뚱
우주를 받치고 있는
외발이 비둘기

먹이의 쟁탈전에
살아남기 위한 몸부림
거뜬히 날개를 펴고
허공을 향하여 짖어댄다

무리 속에서
추색을 갖추고 살기 위해
애증의 나날을 지내야 할 수밖에
없지만
그럼에도 욱신거리는 것을 어찌하랴

2부

폐교를 앞둔 교정

뛰고
넘어지고
일어선 자리

꿈으로
또랑또랑 포개진
아이들의 발자국들
드문드문 피었어도
좋으련만

밀알 같은 온기로 맥을 이어가는
교실에는
봄바람이 유들유들
산수유가 피었구나

노랑꽃 예쁜 것처럼
뛰고 넘고 일어선 자리
오래오래 있었으면, 그 자리에

청문회

가을을 인식하는 날부터
푸른 근육질은
부드러워지기 시작했다

하늘을 우러러보듯
그냥 지나치지 않고
발길을 돌리는 그들에게
보란 듯이
어깨를 으쓱거리며
노랗게 물들었다

찬바람 수상하게
기웃거려도 바람의 짓이기에
웃어 주면서
여문 열매 머리가 깨어지는 줄 모르고
땅바닥으로 뛰어내리고

우러러보던 그들
못 볼 것을 본 것처럼
발바닥을 살피며 지나갔다

청문회가 시작됐다
나는 똥을 삭인 것밖에 없다고
잎마저 다 털어낸다고 하는데
나뭇잎에 벌레 먹는 소리가
서걱서걱 깊다

타로놀이 쾌

망설이다 들어간
곳庫에는
세상 살아가는 이야기들이
그림을 그려 놓고 있다

1막
일곱 장의 카드를 뽑았다
그 속을 채우는 밑그림
주인공의 운명을
타로의 주인이 손보고 있다

— 얼마 주고 산 카드일까

2막
나래를 펴며 날아갈 채비
고뇌를 벗는
해피엔딩의 뒤안

3막
허기진 기다림에 빠졌던
시간은 리얼하게

관객과 주인공의 향연으로
오대양을 향해
바람같이 말을 타고 달렸다

들끓던 마음은
그대로 딱 맞아 주기를 수락하고
잠잠했다

— 살아가는 게 그렇지 뭐

유엔공원에 잠들다

새벽 논둑길
이슬도 채 마르기 전에
고향을 떠나온
그때,
참전 병사는 열일곱 살
최연소 소년이었다

젊음과
패기로 달려온
형제의 강가에서
지구를 흔들어 대던
총성 속에서도 나누었던
우정은 사랑이었으리

살아서 돌아간다는
약속도 접어두고 이국땅 하늘 아래
영면하신 도은트 병사여
편히 잠드소서
편히 잠드소서

상아탑 축제

아름드리 벚나무
초롱 불빛에
낮달도 은근하게
길을 내면

가만가만 길을 내는
꽃길 따라
꽃잎은 꽃잎끼리
흩어져 날고

향기는 어우러져
무리무리 꽃등 밝히는
백양산 자락
노을빛에 붉기만 하네

참 많은 일들이

병신년 한 해는
참 많은 일들이 오버랩된
한 해였다

제 꾀에 넘어가는
원숭이처럼 등을 비비며
마음을 나누었던 온기조차
안개 속에 가리어 보이지 않았다

그래도,
시간은 여백을 지우고
햇살이 들어오는 곳을 향하여
조금씩 길을 열어 갔다

저 멀리 불빛이 보인다
어둠을 깨우는
닭 우는 소리 들린다

회백색의 슬픈 오후

늘 그랬듯이
창문 너머 배경에
촉각을 세운다

숨은 것도 아니고
사라진 것도 아닌
땅 위에 빌딩 그림자가 희미하다

가시거리의 반란에
현미경을 들이대는 것은
별난 사치다

모자
선글라스
마스크 위에
먼지가 눌러앉았다

황사에 의한 사람들의 가면놀이
회백색의 슬픈 오후다

아이러니

주인의 손을 따라가지 못하는 감나무 밭에는 생기를 잃은 감들이 가지 끝에 매달려 있다 시간 날 때 마음껏 따 가라는 주인의 속사정을 모를 리 없지만 풍작의 슬픈 아이러니가 있는 감밭에는 모이를 찾아다니는 닭들이 감물 들이는 호사를 하고 있다 가지를 문질러대며 작은 돌을 구르며 감을 쪼아 먹는다

버려진 양심

자동차 클랙슨 소리에도
미동이 없다
외딴길을 얼마나 헤매고
다녔는지
뱃거죽은 등짝에 딱 붙어 있다

사랑을 받으며 살았을
행복했던 시간을 상기라도 하듯
희미한 눈빛이 애처롭다

나도,
어쩔 수 없는 양심을 두고
내려오는 길
번민의 마음을 되뇌이며
자동차 바깥 거울은
신마루를 돌려 멀어지고 있었다

연기의 반란

하늘을 보며 연기를 연거푸 내뿜는
그 사람을 뒤로하고
두어 걸음 앞서 제치고 나간다

달콤한 유혹을 뿌리치지 못하고
거리로 내몰린
금연하지 못한 방황

그때,
건넛방에서 간간이 들려오던
할머니의 기침 소리는
마른 엽초 잎사귀가 뱉어내는
소리였다

손바닥에 싹싹 비벼서
누런 포대종이에 돌돌 감아 피우던
연기의 반응 오래된 화火를 삭히는
할머니의 비방이다

그 사람

고향 사람 이야기는
밤새도록 읽어도
지루하지 않다

내 생각과 내
추억이 엉키면서
풀어가는 실타래에
묻어 나오는
고향 사람의 향기

사람은
추억을 먹고 산다고 그랬지
며칠간 두문불출하여
그 사람이 쓴 고향 이야기에
동행했다

미완성으로 남기고 간 이야기는
오래도록 아쉬움으로 남을 것이다

허수아비 축제

언제부턴가 허수아비는
논을 빠져나오고 싶었다
더 친근한 표정으로
사람들과 더 가까이 있고 싶었다

손에 손을 잡고 강강술래 하면서
선녀가 되어 쳐다본 하늘은
둥근 달이 휘영청
시월의 달빛은 고왔다

줄다리기 할 때
발가락 끝에 준 힘이 밀리는 쪽
당겨오는 쪽의 희열이
이렇게 재미있는 줄 몰랐다

넓은 황금벌판에 서 있어도
외롭던 것
아무리 쫓아내도 날아드는
새 떼

조용히 밀어내 놓고
까불어 봤다
사람들이 똘똘 뭉치는 것처럼
한바탕 벌여 본 축제

나는 사람의 흉내만 내는 것을
하고도
이젠 허허벌판에 서 있다 하여도
외롭지 않겠다

반찬보다 꽃

우리 집 식탁은
수반이다

꽃꽂이 수업이 있는 날부터
일주일 동안
늘 꽃이 화려하다

해바라기 꽃 1주지가 되고
홍화색 꽃으로 주변을 싸고
과꽃이 풍성하게 담을 치장하는
꽃꽂이의 기본임에도
신이 난 식탁

반찬이 설렁설렁해도
반찬보다 더 화려한 꽃

비상을 꿈꾸다

살아가면서
내 몸 어느 것 하나
소중하지 않으랴

손가락 마디마다
봉분이 생기고
헤집고 올라온
관절 부딪치는 소리에
들고나는 바람결마저 시리다

마음을 곧추세우고
허리를 펴고 돌아서면
이내 스프링처럼 제자리로
돌아가 버리고 마는

그녀의 네 번째 손가락
오늘도 비상을 꿈꾼다

질주의 명랑

시계는 지구를 따라 돌고
시침, 분침, 초침을 안고 전진이다
원주를 따라 돌아가는 시간은
누구에게나 평등하게 주어진 특권이다

산다는 것은
시간과 맞물려 돌아가는
시계바늘과 같다
멈출 수 없는 시간, 멈추지 않는 시간
원주를 따라 역행도 없이 전진 중이다

시간을 피해
산으로 왔다, 숨어들 듯이 딱 하루만

같은 우주 안인데 이렇게 다를까

나는 기암괴석 형상들 아래
또 다른 형상의 모양을 하고 앉았다가
잠시만 아니, 찰나에 일어났다
일그러진 것도 설령
흉내 내면 안 되는 것을, 무례였다

코로나19

1. 정박해 있는 것에

떠날 줄 모르는 어색한 동거 시간이 길어져 가고 있다 맞지 않는 옷을 입은 환경에 자연스러워지는 슬픔, 마음대로 누볐던 거리를 걷는 것조차 마스크에 갇힌 입술은, 없다 일상의 대면조차 허락하지 않는, 이것은 시대의 시련이다 자유스럽게 뻥뻥 쏟아져 내리는 폭포수의 포말로 그려지는 무지개를 바라보던 시간은 언제쯤 올까 무표정 속에 흘러 들어온 가을이 쓸쓸하다

단풍은 최선을 다해 물들어 갈 테지, 함께 익어 가야 아름다울 텐데

그러나 살아 있음에 깨어 있는 시간은 저마다 다르지만 살아 있음의 징표이다 새벽녘 건너편 집에서 새어나오는 불빛에 온기를 느낀다 타자가 켜는 불빛에 안도하는, 나도 모르게 생긴 습관은 그 이후의 하루 시간도 유연해지고 이웃이 편해야 내가 편하다는 지혜의 말 실감하게 되는 요즘이다 코로나19로 돌아보는 계기가 된 안위의 시간, 살아 있음에 받아들여야 되는 우울마저 즐겨야 한다

2. 일상은

무인도에 홀로 남겨진
돛단배처럼
일상은 고립 상태다
현미경 속에서 보이는 균주는
비말을 통하여 더 많은 분열을 하며
사람과의 힘겨루기다

3. 현실 앞에서

4단계로 행하는 바이러스
이젠 가물가물하게 들리던
웃음도 사라졌다
지구 안의 사람들 입을 다 숨겨 놓고
입술을 깨물어, 지르는 비명

4. 그나마

그나마 조석으로 불어오는 바람에
손님처럼 찾아와
문풍지가 닳도록 흔들어 대던 그때
기침 소리가 있어도 괜찮았다
이젠
마스크와 동침까지 해도
무탈하지 않은 일상
한 통의 안부가 이토록 반갑다
혼자 견디는 것이 아니라
함께 참고 이겨내야 하는 것
서로를 향해 응원하는
내공의 시간, 다행이다, 그나마

카페테라로사

바쁘게 돌아가던 기계 소리도 멈춘
정적이 있다
그 맛을 찾아서 들른 찻집
음악이 조용히 흐르는 공간에는
높은 천장만큼
45년의 역사가 아득하다

장인의 손길이 그대로 비치는
철제의자와 탁자 철제 장식들
아, 장식이 아니라 그들의 땀이 배인
이야기가 살아 숨 쉬는 곳

와이어로프를 생산하던 공장의 적막은
배경이다
불편함이 오히려 이야기가 되고
산업시대의 주마등이 스치는
이곳의 분위기는 소탈하다

깊숙이 들어가는 직사각형의 구조
그 끝의 계단을 걸어 내려오는
낭만은
시대의 아이러니다. 카페테라로사

3부

추억을 지울 때

1.
빙하가
팥죽 꼭대기에 안주하고 있다
손가락 하나 같은 스푼으로
건들기만 해도
쏟아져 내릴 것 같은
빙하가 몰려온다

2.
옛날 세간
제멋대로 있어서
예禮를 차리지 않아도
좋은 집

주인의 물시중 없어도
들고나는 인심
늦은 밤까지 문정성시다

팥이 마음을 녹이는지
빙수가 마음을 녹이는지
후련함
계절조차 구별하지 않는다

곡간의 비밀

오월 속에 보이는
신작로 길
통통하게 살 오른
아카시아 꽃향기 진득하다

진종일 논둑에 앉아
먼 산을 물끄러미 바라보던
소녀의 지루한 하루

쉼 없이 넘겨대던 모줄 아래
채워지던 논바닥
개구리 소리로 한창일 때

풍년이 올 거라고 하시던
아버지의 말씀처럼

그해 가을
가마니를 꾹꾹 누른 쌀
불룩한 항아리마다 잡곡들
곡간 가득 채웠다

그리움이 뜨는 노을

부끄러움이 많으면
얼마나 많아서
볼 적마다 낯빛이
저렇게도 다홍일까

친구야, 골목길 빠져나간
첫사랑 이야기하다
불그스레해지던 얼굴

지독한 사춘기
가끔 수다를 떨 때
웃다가 불그스레해지면
너도 예뻤고 나도 예뻤다

기억의 행성에 자리하여
지워지지 않는 소녀들의 성장기가 유영하는
노을이
볼 적마다 부끄럼을 타고 있다

늪 가까이

철새의 날갯짓 부드러운 소리에
갈대의 어깨가 서걱거리고
강설을 어루만지는 겨울바람
시린 냉기의 늪가에
수양버들 천진 가지가 애잔하다
한시도 조용하지 않는 곳
새가 되었다가 나목이 되었다가
웅크린 가슴을 가만히 두드려
활기를 전하고 싶은 이곳에서
가까이 귀를 대고 있으면
봄이 오는 소리 꽃 피는 소리
어울려 함께 듣고 싶다

* 제16회 우리시우리노래 - 금정문화회관 은빛샘홀

채석강

그곳에 가면
오래된 바다를 만나고
그곳에 가면
오래된 바람을 만나고
그곳에 가면
신화가 되어 있는
수많은 이야기를 만날 수 있네
오래된 세월의 지느러미가
층암절벽을 가볍게 타고 흐르니
책마다 바닷길이 환하게 열려
햇빛에 반짝이는 물고기 비늘
달빛에 은은한 고운 물결을
한 권의 책으로 엮어 고와라
채서강 생애를 가슴에 담으니
더 깊은 바다가 내 안에 들어와
시간 너머 시간을 꿈꾸게 하여
새파란 희망이 살아나고 있어
풀물에 들다

* 제5회 시작음악회 작사 - 소민아트홀

때로는 그것마저도

우리 처음 만났던
3초의 기억을 잊지 말자
하고 싶은 말
3초만 지나면 횡재이기도 했던 말
숨 한번 쉬면 지나가는
그것은 찰나, 이젠 그것마저도
때로는 아끼며 살자

어느 날의 사색

정보의 홍수 속에
사색이 떠내려갔다

ON
OFF
리모콘 누르는 손가락
탁,
탁,
탁,
자판을 두드린다

사색은
또 무너져
강물 되어 바다로 흐른다
범람은 더 이상 없다

그릇

고즈넉한 저녁
물레가 시간을 돌리는 그릇
밥상 위에 나왔다
어머니의 밥, 고소한 냄새를
알알이 안고

태고의 기억이 깃든 흙
운명이라
기억이 그려 낸 뜨거운 무늬들

가지가지 양념으로 반찬을 얹은
울긋불긋함
시대가 진화한 손맛에도
잘 적응해 아름답다

미완성

그대여
사랑의 끝이
어딘지 몰라도
사랑하리라

검은 머리 흰 파뿌리
될 때까지 살기로 서약한
서약서
장롱 속 어디에 있는지
모르면 어때

그대여
사랑의 끝이
지금
우리의 삶이 아닐까

삶을 살기로 했던
중년의 시절이 넘어가고 있다

하얀 머리카락이 득세를 하면 할수록
우리는 잘 살고 있다고
오늘 하루를 안심하자

항구

항구엔 기다림이 있다
뱃고동을 울리고 떠난
고깃배의 지느러미가 남긴
기억처럼

항구엔 이별이 있다
기다림을 두고 간
이별은
항구 끝에서 해후를 기다리고 있다

항구엔
날마다 이별이 있고
날마다 만남이 있고
날마다 뱃고동 우는 소리가 있다

이맘때쯤

목선에 내려앉은 찬바람이
느껴질 때
호피무늬 스카프
서랍을 빠져나옵니다

한 장의 절반
어머니는 나를 태어나게
한 것처럼
탯줄 자르듯이 뚝 자른
반

순한 호랑이의 소리 없어도
시린 바람 데워 주는
부드러운
어머니의 흔적입니다

고향집

1.

산사의 풍경 소리가 멀리 있고
물고기 헤엄치는 소리도 멀리 있어
낡아 가는 것
어디 소리뿐이랴

젊은 시절의 우리 엄마
영정사진도 색 바래진 지 오래

그래도
출렁출렁
추억이 파도치는 고향집엔
변하지 않은 햇빛이
늘 들락거리며 옛것을 지키고 있다

2.

통통하게 살 오른 감자가
실금을 내면서 툭툭 터져 있다

햇살이 반쯤 대청마루에
앉으면

새콤하게 익어 가던
김치랑 척척 걸친 감자
목구멍까지 차오르던
시장기를 금세 넘겼다

주인 없는 집에
분주하게 줄 쳐 놓고 호사하게
그네를 타는 거미족
내려앉은 창살까지 놀이터로
굉장하다

객客만 있어
낯선
객사客舍가 된 고향집에는
앵두나무도 호두나무도 결실이 한창인데
인기척이 아쉽다

여백

살아온 세월만큼이나
세간살이 빼곡하여
배추 솎아 내듯
밭고랑을 치고 나니
바람의 길이 보이고
이마가 청춘이던
시절이 보인다

을숙도의 밤

을숙대교 마주하는 상공에는
무지갯빛 전구를 켰다 껐다 하는
비행기의 행렬이 장관이다

안착의 길목은
공중에다 무선을 깔아 놓고
어둠의 혀들을 거침없이 지나가게 한다

육교 아래로 빠져나가는
헤드라이트 양편
넓은 밤 위로 별똥별 여럿이
수채화를 그리며 내려앉는다
낮에 창공을 날아다니던
철새의 밤잔을 소용돌이치게 하는

탄성을 지르는 아이들의 헤픈 손뼉 소리
트랙을 내리는 비행기의 발톱 소리
을숙도 밤 여정이다

보리굴비

갓 구워 낸 보리굴비는
큰 접시를 차지하고
나긋나긋하게 누웠다

냄새부터 일품이다

기름기를 뺀 뱃살에 젓가락질하는
무례함에 견딜 수 없었는지
숨겨 놓은 가시가 목젖을 찔러댄다

콱콱

회오리치는 목젖의 절규에
식탁은 순식간에 먹구름이 일고
겸연쩍게 빠져나온 가시 하나에
식은땀을 흘렸다

보리굴비의 일미
나긋나긋하다고 얕보면 안 된다

주눅이 든 젓가락질
바다를 평온하게 조망하며
보리굴비 물에 말아 넘기니

숨겨 놓은 가시 저절로 녹았는지
목젖이 부드럽다

인생

꼬투리 속에 줄줄이 앉아 있는
강낭콩 속뜻이 어찌 같으랴
무디게 살아온 시간 속에서
살가운 시간이라고 믿으며

낮추고 살아왔다고
혼자만의 어설픈
잣대를 재곤 한다

지나고 보니
모든 것을 망각하고
살았던 시간들이
아쉬움으로 남는다

바람이 불어도
막아 줄
방패막이는 그 어디에도
없다
그저 인생은 홀로 가는 길이라고
가만히 일러 준다

고향 가는 길

먼동이 트는 자리는
기침이 이른 시간이다
몸을 추스르는 주인을 따라
자동차의 헤드라이트가 집을 나선다

첩첩산중으로 돌아가던 길은
직선으로 뚫리어 시간을 단축하고
목각에 새겨진 얼룩진 이정표
강철기둥으로 길을 안내하고 있었다

먼지를 일며 지나가던
비포장도로에는 아스팔트 깔리어
투덜거리며 지나가는 자동차 바퀴 소리도
들리지 않는다

햇살을 등지고 도착하려는
재단한 시간은 날렵한 움직임으로
고향집은 새벽을 떨치며 동이 트고 있었다

사랑한다는 것은

사랑한다는 것은
행복한 일이다
한 울타리 안의 눈 마주침

풀 한 포기
바람 한 점도 사랑스러운 것은
행복한 일이다
무의미하게 스러지는 날
허다한 것에 비하며

사랑한다는 것은
행복을 만드는 일이다
시몬, 낙엽 밟는 소리가 들리는가

무심코 올려다본 하늘에는
구름이 저마다 흩어져 가고
돌아보면 서러운 날
사랑 속에 사라져 버리고
남아 있는 행복

자를 재려고 하지 마라
사랑은
행복은
사랑한다는 것에
행복하다는 것에 있는 현재이니까

파랑의 흔적

시간의 파편들이
여기저기 태초의 흔적으로
그대로 이네

수천수만 권의 책갈피 속에
오롯이 피어나는 물결의 잔영들
무슨 사연이길래 아름다운 꽃으로 피었을까

파랑의 물결로 채워진
채석강의 끄트머리에 떨어진
글자 자국들 갈매기가 줍고 있다

끼룩끼룩 바람도 지나가면
파도 소리 내는
바다를 캐어내는 박물관

바다 깊숙이
주름 속에 숨겨 놓은
오래된 이야기에 귀를 담는다

4부

미나리의 봄 마중

봄, 여름, 가을, 겨울
그대로
왔다가 떠나는가 싶다가
꽉 찬 꽃 대궁
입맛 나는 유혹의 봄
한재 골짝을 길 내고 있다

자골산에서

억새꽃으로
넉넉한 풍경을 그려 놓고
산의
구릉마다 단풍의 행렬로
사람들을 불러 모은다

지상으로 펼쳐 가는
가을 놀이에
쪼개지는
웃음꽃의 즐거운 비명

홑산의 고독을 깨울지라도
허리를 낮추는
진산의 진면목에 우러러봄
배우고 나온다

까치밥

종자 같은
홍시
마당 모서리에
찍혔다

까치가
감나무 가지 끝에서
자꾸자꾸
부리를 찍는
유난한 까치

가지 끝이 붉다

개화

햇살에 물이랑
바다에 일렁이면
눈부시게 피는
하얀 꽃 파도

석양의 바다

태양의 여정이 끝나가는 즈음
하루의 축제도 저물어 간다

찬란한 빛의 절정을
마지막 피날레로

태우는 붉은 점
서서히

서녘을 넘어갈 때
서녘 가까이 살던 바다 함께 물들어

뜨거운 절규를 담았다
석양의 모습을 반추하며

고드름

처마 끝에

대롱대롱

동트면

떠날

그리움이어라

승학산에 올라

낙동강을 내려다보니
은빛 물고기 떼가 무리 지어
물물이 흐르고 있다

정상에 올라
긴 낚싯대를 세우고
긴 턱 바늘을 찾는데

배낭 속에 든 연필과 종이
콩콩
거렸다

쓰자,
이것으로 바늘을 만들고
미끼를 만들고
릴을 만들어 감싸 올리자

억새의 은비늘이 출렁거리며
은어의 향기를 따라서
능선은 노 젓는
낙동강이 저만치 저기 있다

산책길에서, 신화

절벽마다
하얗게
핀
운무를 만났다

꽃인가
다가서면
파도 소리 철썩철썩
바다가 저 아래 있는 모양이다

산에서 듣는 바다 소리
하얗게
핀
운무의 현이 아니리라

그래도 좋은
산속의 바다여
나는 깊은
바닷속에서 용왕의 이야기를 듣고 있다

가을 연서

가마니 속을
채운
가을이 도착했다

이글거리던 무더위도
어우러지면
알곡으로 거듭나는지

부채질 내던
계절도 잠시

해거름이 짓는
햅쌀
구수한 밥

누이의 어여쁨에
살찌는 가을

풍어

동해바다를 다 잡았다
서해바다를 다 잡았다
남해바다를 다 잡았다
얼씨구
절씨구
삼면이 다 좋은 바다의 시절이라
노랫가락 끊이지 않은
시절이 좋을 때
동해바다는 푸르고 살고
서해바다도 푸르게 살고
남해바다 또한 푸르러
얼씨구
절씨구
좋은 시절, 바다가 좋은 시절
바닷속 비늘들이 날마다 반짝인다

구피

수족관 속에서 헤엄쳐 다니는
물고기
어항 속에 있다

축소된
군단들
밥 냄새에 일렬종대로
지느러미 치며 풍성해지는
아침이 있다

바늘 끝 같은
눈
인기척을 아는 것에
놀라고 난 후부터

마음을 추스르고
밥 주고 나면
바늘 귀 따라 빙빙
행복한 하루가 시작된다

비 오는 날이면

대문바위는
등굣길을 무질러가게 하는 길

비 오는 날이면 보슬보슬
부서져 내리는 바위조각을 피해
책가방은 머리를 감싸고 지나가는
철모가 되어 주었다

지나왔음의 안도하는
아이들의 헤픈 목소리는
즐거운 비명이었으리

교통 발달에 힘입어 지금은
사라진 대문바위
무질러 가는 학교 가던 길이라고
사람들은 말하지만
학교 가는 길은 멀기만 했던
추억 속의 길, 비 오는 날이면

배냇골 여름 풍경

물이 흐르는 계곡 위에
평상이 연결되어
다리를 짓는다

폭염을 젖히고 찾아온
사람들은 풍성한 그늘을
오르내리며
즐기는 여름 하루

땡볕도 나뭇가지 속에서
물장구치기 하는
배냇골의 여름
물이 시리다

황톳길을 걸으며

맨발의 통증이 전라全裸를 드러내 놓는다 엑스레이를 찍는 양 오그라든 발바닥 통증의 띠 스펙트럼의 파장은 서툰 몸짓으로는 흙의 순수를 읽어내지 못하니 비로소 평화를 외치고 싶어 들썩이는 신경세포 막막하면 어떻게 살까 걷는 것 직립보행의 익숙함으로 황톳길을 걷는 수밖에

겨울나기

산야의 경계도 보이지 않게
눈이 많이도 내리던
그해 겨울
누렁이의 혹독한 겨울나기는
작은 고사리손까지 동원해서
소죽 쑤는 아궁이에 불을 지폈다
외양간에서 연방
음~매 음~매
쇠의 콧김에 마음이 급한
동생들, 이미 어린아이가 아니었다
바람은 바람대로 쌩쌩
겨울나기에 동참하니
연기가 앞으로 쏟아져
매운 눈
소 눈에서 떨어지는 눈물이듯
뚝 뚝 흘렀다

까치고개

한 시대를 반영하듯
가파르고 옹색하게 서 있는
골목길은 미로 찾기다

공동묘지였다는 터에는
지상과 지하로
산자와 망자 현존하며 살고 있다

담 기둥을 이루고 있는
상석과 비석에 새겨진 글자 파편들
덧칠한 시멘트 분장은
오고 가던 혈육의 정마저 단절시켰다

제祭를 지내고 나면
날아오던 까치들의 행렬도 사라지고
피난의 설움이 그대로 재현되고 있는
아미도 비석마을 정적만이 흐른다

온천천의 하루

도심을 가로질러 흐르는 강줄기 따라
지느러미 밀며 무리 지어 가는
물고기 행렬이 눈부시다

대가족에서
핵가족으로 변해 가는 현실에 즈음하면
정겨운 풍경 속에 아이러니다

먹이 사슬로 잠시도 조용하지 않는
강가에 천적인 황새 한 마리
물밑을 파헤치고 있다

찰나에
낚아채 올리는 부리 날카롭다
안간힘을 다해 퍼덕이는 물고기
생과 사死를 넘나들고 있다

인심 곡간에 들다

바람이 자유롭게 들락거리는
사통팔달 사거리 집에 들자
형님 내외분의 반김이 함박웃음이다

대문이 없어
수시로 안부를 전해 오는 이웃 사람들
서까래에 걸린 곡식 꾸러미들
부지런한 주인의 손을 닮아 있다

텃밭에 넘치는 상추 상차림 소쿠리 채우고
가뭄에 독을 품어내듯 배배 비뚤어진 고추
매운맛에 입안이 얼얼하다

하루도 만나지 못하면 다래끼 난다는
이웃 사람들 발길에
옛말을 소환해 두고
돌아서는 발길은 가볍기만 하다

5부

바람, 그 언덕에 서서

불어오는 바람에
깃을 세우는 산비탈에는
나무들의 생채기가 진행 중이다

숲을 지키려 하지만
까불거리는 바람의 등살에
옹이는 깊어지고
나뭇가지는 야윈 거죽을 드러낸다

수십 번의 습격
가파르게 올라오는 바람을
서걱서걱 물고선
바람, 그 언덕에 서서
거침없이 재단되는
삶의 언저리 푸른 옷을 짓는다

사는 것은
거죽 안, 삶이 차오르는 것
수평선 끝에서 붉은 기둥을 세우는
태양의 깃, 보인다.

산수연傘壽宴

보리밥도 호사스러웠던
초롱초롱한 눈망울은
당신을 달구는 용광로였다

맹목적인 사랑이라 해도
어쩔 수 없었던 자식 사랑
검버섯 무리조차 화사했다

오늘처럼 행복한 날~에
형형색색 차려입은
자식들이 부르는 노래
어머님 은혜는

하늘보다 높고
바다보다 깊은
당신의 뜰에서
사랑의 꽃으로 피어납니다

둥지, 그 어느 날

물속에 잠기는
계곡에는 수정 알 같은
바람이 불고 있었네
단풍의 화려한
언저리에서
얼핏 설핏 비추던
겨울의 둥지를 보며
가라앉는다는 것을
따라오는 것에게
바람의 길을
다시 내어주는 것일래야
살갗에 닳는 스산한 바람에
깃 세우던 어느 날
둥지를 만들던
겨울의 초입에서
공허를 달래었네

* 제8회 우리시우리노래 – 부산문화회관 중극장

아름다운 현

활의 고운 허리가
현을 오르내리는 3중주
나의 청각은 고정되어
빠져 있다
선율의 곡선에 취하여
흘러나오는
감성은 메모지를 꺼내
글을 잠시 빌려
신비와 마주
비경을 쓰고 있다

사돈

탁자는
적당한 거리가 있어
좋았다

곰삭은 깍두기
격식을 허물어
그릇을 비웠다

잔잔한 수다
예의를 갖추고 사라진 후
돌아오는 길
멀·다

그녀

뿔난 세포의 행적에 눌려
모든 것을 체념한 듯
시트 위에 누워 있는 그녀

통증조차
하소연할 겨를도 없는
또 다른 침투에
종지부를 찍어 주기를
수술실 밖은 살얼음판이다

마취에서 깨어나는
실눈을 뜨는
그녀의 얼굴이 창백하다

안도의 숨소리
링거액이 들어가면서
고른 혈색으로 돌아오고 있다

유연한 곡선을 그리며
궤도를 따라
제자리 찾기다

정월이면

바람이 들고나는
서까래에 메주들이 줄지어
겨울잠에 빠져 있다

실핏줄을 타고 다니는
푸른곰팡이들이 온몸을 휘감아
문풍지 안팎으로 들고나면
우리 집 장독대 안으로 향기
문전성시다

해묵은 소금 간으로
맛깔스럽게 익어 가는
된장 맛처럼 메주콩 삶는
행복

오곡밥 위에
김 한 장 얹어 먹어도
밥맛 나는 밥상

사랑법, 닮다

1.

시동을 걸면 쏜살같이 달려와
안착하는 그녀

그녀를 두고
외도할 수도 없는
그대는 외로운 사람이다

방향제시에 길을 벗어날라 치면
더 커지는 목소리
잦아지는 잔소리에
귀가 멍멍하지만

그래도
자동차 정체 속에
속절없이 방황하는 거리의 무법자
이정표 되어 주는 그녀의 잔소리에도
말없이 따라나선다

2.

늦은 밤
개 짖는 소리를 몰고 걸어오시는
아버지 발자국 소리에
걸어 두었던 대문을 활짝 열어 두고
반김을 뒤로 하는 어머니
어머니의
아버지를 맞이하는

지금은
걸어 둘 대문도
열어 둘 대문도 없다
댓돌 위에 나란히 놓였던
흰 고무신은 그림자만 세우는
남편의 귀갓길을 챙기는
나는, 어머니를 이어 산다

정리수납 일부에서

냉장고 문을 열자
베일 속에 가려졌던
행적들이
와르르 무너져 내린다

삶의 일부라고
맹신하며 살았던
소유욕 민낯의 실체

에베레스트 산맥의
빙하
정리수납으로 명명하며

한파 속에 핀
하얀 곰팡이 털어낼
바람의 통로 비워 내고 있다

둥지

1.

클로이가 보내는
윙크 속에
빠져 버린
사랑

2.

손자, 현우의 뽀얀 얼굴
짙은 눈썹
누구 닮은 줄 아니?
현우야
무릎 위에 늘 너를 앉히는
할아버지를 보렴

3.

덧니
들쑥날쑥
덧니 하나
실오라기로
야멸차게 당기니

미운 일곱 살
웃고 있는 모습
귀엽기만 하더라

4.

혜인이 백일
순풍에 돛단 듯이
살라 하는 마음을 아는 듯이
큰상 앞에 두고
울음을 뚝 그치니
장수 났다 하여
덕담하는 잔칫상이
푸짐하다

5.

손녀 에리카를
가뭄에 단비처럼 만나니
서먹해한다

오뉴월 물오른 오이 맛 같은
이야기 맛 기다리는

식탁 위에서 젓가락 소리가 얌전하다
열두 살 예쁜 나이
철없어도 되는 나이에
화답으로 돌아오는 잔잔한 미소
다
컸다
너를 안아 보는 가슴이 벅차다

여름 꽃 보며- 에리카 글 중에서

식물원에 갔더니
여름 꽃 백일홍 나무
허연 다리 내보이며
웃고 있다
햇볕도 좋고
공기도 상쾌한 식물원에는
외할머니께서 좋아하시는 맨드라미
무리 지어 피어 있다
스케치북에 옮겨 온
맨드라미
사시사철 지지 않는 꽃으로
액자 속에서 꽃밭이 된다

장미 담장

가시를 짚고 오르는
그 끝에
꽃이 있다

붉은빛
향기는
아름다움의 진통이다

태고의
첫 번째
그 빛깔의 기억은

탯줄도
애초에
어머니의 피였음에

푸른 물보라
장미 담장은
나의 그리움이다

흙길 새 단장

먼동이 트는 자리는 기침이 이른 시간
몸을 추스르는 주인을 따라
자동차의 헤드라이트가 집을 나선다
어둠 속에서 빤히 드러내는 얼굴
아스팔트의 깔끔이다

손전등을 켜고 걸었던 길이
환하게 뚫리어지고
나무기둥에 삐딱하게 섰던 이정표 대신
깔끔하게 다듬어 놓은 낯설기도 한
고향 길 위에는 투덜대던 바퀴 소리도
먼지 속에 뽀얗던 유리창도 없다

무덥기 전에 도착하려는
재단한 시간이 세차한
자동차의 날렵한 움직임으로
생각보다 빨랐는지
고향집은 먼지를 털지 않고 서 있다
문고리만 닦은 채

황포돛배 타고

부소산을 남안에 두고
흐르는 저 강물은
내 고향의 추억을 그대로 알고 있다

전북 장수군에서 발원하여 흐르는
백마강은 엄밀히 말해 금강이라 일러
금강의 중류를 백마강이라 보고 있으니
백제의 추억인들
저 강은 어찌 모르리

하나라 말하지 마라
둘이라 말하지 마라
강은
그렇게 말하며 흐르지 않지만
백마강 속에서 금강을 말하고
금강 속에서 백마강을 말하는
우리는 하나다

항해를 흐르는
황포돛배를 타고
노를 젓는 일을 옛일이라 하여도
좋은

노 젓기의 배를 타고
금강에서 놀았더라
백마강에서 놀았더라
하여 더 좋았다

행복을 깁다

안개꽃 만발한 아사면 위에
직선과 곡선을 병행하며
투덜투덜 달달달
재봉틀은 실금을 내면서 기워 간다

세월 비켜 갈 너울성 목주름 가려 주는
레이스 달아 주고
유행 지난 나팔바지 싹둑 잘라
비키니 반바지로
물 날린 원피스는 아이들 여름나기 이불로
시원한 바람이 들고 난다

무엇하나 버릴 것 없는 옷가지들
소소한 일상으로 조각보 사랑
행복을 기워 가는 연습 중이다

눈썹 그리기

둥근 거울 앞에서
초승달을 그리는 것은

보름마다 그리는 것이 아니라
날마다 해야 하는
숙제와 같다

미간과 미간 사이
간격을 조율하며
오늘도 분장사가 되어
초승달 능선을 그리는 중이다

마지막 증표

반백에 훤칠한 키
흑백 사진 속 흰 두루마기가
잘 어울리는 사진은
당신의 전부로 남았습니다

늘 병상에 누워
천장만 바라보는 전부인 세상
간헐적으로 하시던 기침 소리
당신의 의지대로 할 수 없었던
아픔이었습니다

길어진 여름 어둠이 골목에 내릴 쯤에야
우울한 집의 적막을 깨고
억센 아녀자 목소리가 집안을 둘러 다닐 때
활기를 찾았던 집

당신을 원망하는
고단한 삶을 노래하시던 어머니
목소리였던 것을 깨닫지 않으렵니다

그저
부부가 사는 모습이었다
기억하렵니다

달맞이길

산은
바다를 따라 걷고
바다는
물결 속에서 출렁거린다

그것들이 친하게 사는 것을
배우고 살아도 좋을 날이
하루 이틀이겠냐만
그래서 수시로 찾아가는 길

달이 뜨면
임처럼 언덕에 올라
달을 맞이하는
산이 되고 바다가 되고

집집마다 불빛으로 달맞이길에 들면
고즈넉한 밤은
얼른 되돌아가고 싶어지는 것이다

먼 길 온 것도 아닌데
집이 아름답게 보이는 불빛으로
속을 채우고 나면
포만감은 다시 살게 하는 것이다

어서 오렴

어둠이 걷히기는 아직, 이른 시간
재촉하는 태동에 시간을 늦추어야 했던
너의 엄마는
너를 만나기 위해
긴 호흡을 해야만 했단다

여름 햇살이 탕탕하게 내리던
이천십구 년 유월 어느 날
우렁찬 소리와 함께 우리 곁에 오던 날
기쁨으로 온 집안을 돌아 나올 때

언니 오빠를 고루 닮은 우리 혜인이
물오른 오이처럼 하루가 다르게
쑥쑥 커 가는 모습은
너와 마주할 거리를 좁혀 가는
예행연습이라 생각하니
할머니 가슴에 꼬옥 안고 있구나

할미꽃

봉분 옆 무리 지어
피어 있는
진홍빛이여
겸손함에 더 굽혀질 허리춤도 없다
애틋함 그대로
피었다 진다 해도
그리움 아련한데
바람결에 잠시라도
쉬었다 가시지요
그리운 어머니

6부

파타야에서

백만 년의
형상은
그대로 기이함이다

시간의 굴레 속으로
돌아다니는
바람이다

석순을 타고
불붙은 네온이 찬란하다
겨우 일백 년

백만 년의 야경은
이보다 화려한 자연이 감탄사
영근 석순으로

자태는
그대로 기이함이다

조련사의 기교

빨간 외투를 입은
조련사의 등장과 함께
바위 위에 흩어져 있던
악어들이 갑옷을 번뜩이며
무대 위에 나타났다

예리하게 생긴 이빨 사이로
빨간 장갑을 낀 손을
넣었다 뺐다 반복한다

살갗에 촉을 세우며
시선을 고정시키고
소름을 즐기는 나는,
야생의 본능이 있었던 걸까

고조된 순간
긴장은
날을 세우며
두려움의 굴레 속으로 굴러갔다

빨간색, 빨간 옷의 비밀이 무엇일까

아찔아찔한 스릴 자체
그것은 공포였다
야생의 본능이 살아날까

천지 가는 길

장백산 산자락에서
하룻밤 배낭을 푸는 것은
장대한 역사책
마지막 페이지를 읽은 것과 같다

언제인가 정해진 날짜
없었어도
가고 싶었던 그리움의
근원지

산을 오를수록
보이지 않는 나무의 그늘
장백산
태고의 흙을 보여주지 않았다

장대한 물줄기를 머금고
살아온 것은
무슨 까닭일까
예사롭지 않은 길 위에서

책이 아니면
한 번도 본 적이 없는
천지를 향하여 가는
걸음을 재촉한다

모두가 기다렸을
천지!
가렸던 안개 길을 내주고 있다

코사멧 해수욕장

그곳에 들르면
거대한 바다는
파도와 노닥거리며 산다

육신을 가렸던
삶의 껍데기들 모두 던져
버리고 서면

물결은
살갗에 촉을 세우며
와락 끌어안는다

그곳에 들르면
거대한 파도는
어둠의 적막을 누이고
밤의 정사를 한다

나이아가라 폭포

매서운 눈보라 빛깔이 하얗다
살갗을 파고드는 한기를 싣고
2월의 강추위는 폭포에
쏟아져 내리고 있다

치솟는 물보라는 계절을 잊고
괴성을 지르는
물의 아우성에 습기가 혼미하다

하강을 두려워하지 않고 뛰어내리는
물 앞에는
폭포 앞에는
다가갈 수 없는 소리의 힘이 있다

물의 평화로움은
나이아가라 위를 나는
헬리콥터 속에나 있을 뿐
낭만적인 악수는 없다

비옷을 벗는 순간의 안도
아름다운 숨쉬기다

미술관에서

명절마다 입던
색동저고리의 줄무늬
비빔밥 위에 얹은 야채와
노리개의 화사함
나의 빛깔과
우리들의 색깔

전혁림 미술관에서는
상상의 유속이 빠르다

한참 보다가
어디서 보았는지
어디로 가는 건지
여기가 시작인가 싶다가
아니다 돌아가서
다시 봐야지
걸음을 내딛지 못하게 하는
무지의 분란을 겪으면서도 정답다

거장은
그림 속에서
쉽게 길을 내보이지 않는다

서예전에서

붓끝에 내려지는
필력에 사로잡혀
발걸음 멈추었다

아름다운 형언들 어찌 글로써
표현할 수 있을까
가만히 귀를 기울이고 글을 들으려
하였으나
어찌, 그 경지를 도달할 수 있을까

필목마다 풍겨내는
강인한 기질
굽어서 온전할 수 없다는
곡죽전 앞에서 잠시 숨을 모은다

혈은 짙고 골격은 단단하고
그 안에 숨겨진 근육
윤기 흐르는 육질 생명선이다

목단 꽃대를 받히고 있는
화선지 은은하게
묵향이 피어난다

우토로 가다

늦가을 바람이 한기로 감도는
우토로 마을을 찾았다
강제징용 설움과 한으로
수십 년의 세월은 흘러갔고
조선인의 삶은 그대로 머물러 있었다

차별과 억압 속에
오직 살아야 한다는 일념 하나로
동포들의 비애에 마음이 시리다

근처에 가서도 차마 다가설 수 없었던
황량한 건물과 건물 사이 고요만 감돌 뿐
인기척도 보이지 않았다

2차 세계대전이 쓸고 간 아픈 역사는
비행장 건설 현장으로 내몰린 동포들의
강제징용의 실상에 분노가 치민다

그래도 잊지 않고 보금자리 마련해 준
정부에 감사한다는 글귀 뒤에

"우토로에서 살아왔고
우토로에서 죽으리라" 벽보를 보며
진한 동포애 느낀다

남강 유등제

어둠은
유등의 불빛에 그림자를 밝히니
무채색의 흥이 화려하다

소원을 싣고
강물을 타고 떠나는 여정을 위해
먼 길을 밝히기에
몸을 사르는 불꽃을 보며
탄성을 지르는 군중은
화려한 밤을 보았음이다

얼마나 많이
떠나보낸 것에
아름다운 전송을 하고 마중을 하며
유등을 띄우는 마음은
어울려 꽃이 된다

도서관에서

낡을 대로 낡았으나
시간의 행적은
그대로 안고 있다

잉크 냄새가 사라진 지
오래지만
혹은 그대로 실려 있어
넋이 나간 듯이
페이지를 읽는다

역사는 살아 숨 쉬고
동화는 그대로 심신을 키우는데
시詩는
칼날을 대었다가
제 손을 베었다 하여
차라리 서사의 긴 호흡으로 건너간다

시간은
밤이 사라지는 줄 모르고
책상 위에 쌓여
면류관을 짓는다

여름나기

불볕에 스쳐간 시간
더위를 피해 나온 사람들로
마트 안은 문전성시다

반값 꼬리표 단 식품마다
출렁이는 사람들의 빠른 몸놀림
여름의 혀끝이 달기보다 짜다

몸집보다 집이 더 무거운
껍질 대란에
헐렁한 장바구니를 채우고
집으로 돌아오는 길

여름나기 몸보신으로 제격인
전복과 황기 마늘 넣은 백숙
삼복더위도 무섭지 않은 보양식이다

벽화

가을 추수가 한창인
농번기 농촌 마을
건장한 사내들이 어울려
볏단을 어깨에 메고 지고
가을걷이에 분주하다

텁수룩한 수염의 사내
돌돌 말아 올린 팔뚝과 다리 근육질
힘이 솟구친다

주독이 든 왕방울 코
저녁노을처럼 붉기도 붉다
팍팍한 도시 생활 속에서

해학으로 풍자한
농번기 농촌두레놀이
벽화를 보고 있노라니
웃음은
가을 텃밭이다

어시장

여명은 멀었는데
선착장은 왁자지껄
어영차 어기영차
어부들의 힘찬 목소리
자갈치로 이동하는
물고기 소리
후드득후드득 비늘을 날개 삼아
날아갈 듯 날아갈 듯
자갈치 한 마당이
물고기로 가득 차네
어영차 어기영차
찬란한 은비늘에
경매 소리 높아 가는
어시장 자갈치는
부산의 자랑일세
부산의 자랑일세

* 제10회 우리시우리노래 - 부산문화회관 중극장

봄, 하늘기둥에 오르다

천주산 봄은
진달래꽃으로 붉게 물들어 있다

산자락을 번져오는 꽃 무덤에
환호하는 사람들 목소리
날개 접고 앉았던 나비 좇는다

진홍빛 꽃길을 탐한 사람들
입고 나온 옷 빛깔처럼 붉고 푸르고
불그레하다

진달래꽃으로 집을 짓고
꽃길을 만들어 가는
천주산 봄은
하늘기둥, 길 안에 있다

산에 오르면

바위 등 타고 낙하하는
물의 흐름에는
도시의 삭막함을 잊게 하는
천진한 꽃잎 피는 소리 있다

나무는 나무대로
홀로 사는 것이 아니다
든든한 뿌리로 바위를 받쳐 주고
바람을 앉게 하는 이웃의 사랑으로
아름다운 그림이 있다

계곡의 길을 지나 산중턱에 오르니
즐비하게 서 있는 편백나무 향기에
세상 부러울 것 없는
산속의 여유로움에 젖는다

순한 바람에 한껏 털어내는
빠져나가는 피로
살맛이다, 살맛이다 지르는 청량함
계곡 물소리 쩡쩡거려도 좋은
세상 부러울 것 없는 자연의 세상 살고 있다

암반수

시나브로 스며든 빗물로 시작된
물 나름은
암석의 분화구를 통해
새로운 생명으로 탄생했다

시간의 낙차가 심한
야생의 통로를 견뎌내고 만들어낸
위대한 자연의 속살

전설 속의 행운이라고
달콤하게 당겨오는 물보라를 기다리는
물통의 행렬

객客의 발걸음은 거기에
번호표 하나 뽑고 서서
마치 밀림 속으로 들어가는 듯한
탐험의 표정이 재미있다

| 평론 |

시각적 지평을 조직해 내다

박미정 | 시인·문학평론가

1

황예순 시인의 시선은 현실을 향해 밀착하고 있다. 그것은 그의 시의 꿈이며, 허황되지 않으려는 깨어 있는 의식의 발로이다. 시인의 언어 감각 또한 현실을 직시한 마음의 뜻을 전하는데 자아와 삶의 일상을 껴안고 있는 때문에 구체성을 얻고 있다. 이러한 방식은 소시민적 삶에 진정성을 찾고자 하는 것이며, 그 욕구는 일상과 생활의 구체에 깃들어 있는 진정에 그 뿌리를 두고 있음과 관련될 것이다.

2

> 오래된 이야기가 생각나면 찾아가는
> 보수동 책방골목에서
> 마치 옛 시인의 길을 만나듯
> 설렘을 감추지 못한다

골목에 들어서자
확 풍기는 누룩냄새 같은 감칠맛
그것에 끌려갔다

누구를 만나겠다고 나서지 않았어도
손에 잡히는 낡은 책에
그대로 시를 써 놓고 있는
시인을 만나는 날 신선한 생동에 빠졌다

아픔도
슬픔도
고독도
번뇌도
구태의연한 나의 것임을 들켰다

써라
써라
엉터리로 써라
채찍 여러 대 맞고 골목을 빠져나와
우수수 부서져 내리는
시의 뼈대를 주워 맞추고 있다

—「보수동 책방골목에서」 전문

시인은 「보수동 책방골목에서」 '설렘'을 경험한다. 이 설렘은 "확 풍기는 누룩냄새 같은 감칠맛"에 빨려 기억의 장소로서 의미를 더한다. 누군가를 만나겠다는 의도가 없이 찾아간 그 골목의 책방에서 옛 시인을 만나 생동감을 얻어, 시인의 구태의연한 것을 들켰다고 하여 새로운 지평을 받아들이는 계기를 삼는다. 그것은 직접적인 그의 반성이며, 그 지향은 자기를 넘어가려는 데 있다. "써라/ 써라/ 엉터리로 써라"는 타자의 목소리로 상황으로 묘사되고 있으며, '채찍'이라는 억압을 배치하는 시적 방법은 위기의식과 관련되어 있음을 두드러지게 보여 주고 있다. 그리하여 "우수수 부서져 내리는/ 시의 뼈대를 주워 맞추고 있다"는 구체적인 감각과 감정이 우선시되고 있음을 암시한다. 「바람고개 시화전」에는 평범한 상황을 바람과 시의 결합으로 생성하여 새로운 생명의 창조로 연결하며 매우 상징적인 의미를 드러내고 있다.

바람도 잠시 쉬어 가는
황령산 바람고개에서 만난
시인들의 노래를 읽고 있다

나무숲도 쉿, 쉿
작은 꽃도 쉿, 쉿

바람의 시 읽기를 즐기고 있다

그 모양에 취해서
서로서로의 몸짓으로
부드러운 시선의 향기를 가까이

가까이, 길 위의 독자들
발길 멈추고 가슴에 시를 담는
바람고개 숲속에 햇살이 돌아왔다

— 「바람고개 시화전」 전문

위의 시에서 시인의 감성은 상상의 날개를 편다. 나무숲과 작은 꽃 등 자연 사물은 의인화되어 있다. 의인화는 화자의 내면이 사물이나 현상에 투사됨을 동반한다. 따라서 바람고개와 시적 자아가 분리되지 않은 채 시화전이라는 정서적 공동체로서의 행사가 자연과 교감의 양상으로 "바람의 시 읽기를 즐기고 있다"는 현장의 상황을 반영한다. 이때의 상황 역시 시적 자아의 내면으로 수렴되는 낭만적 자연적 요소를 다분히 품고 있다. 자연에서 전이되는 "그 모양에 취해서"라는 합일과 상상으로서의 점차 타자화되는 "서로서로의 몸짓"은 자연을 발견해 나가는 도정이라고 할 수 있을 것이다. 결구에서 "바람고개 숲속에 햇살이 돌아왔다"는 자연은 시적 자아의 의식이 반영되는 것이다. "하나보다/ 여럿이 있어야 하얗게 보이는/ 메밀꽃/ 그믐밤/ 보름달빛 속에 핀/ 꽃처럼/ 밤은 하얗다"의 분위기를 환기시키는 것 또한 자연이다. '여럿'은 공동체적 경험을 나타내며 결구의 "밤은 하얗다"를 감각하는 시적 자아의 매우 섬세한 시선이 녹아들어 있다. 그러나 늘 자연과 합일의 모습만을 보이는 것이 아니다. "사시거리의 반란에/ 현미경을 들이대는 것은/ 별난 사치다// 모자/ 선글라스/ 마스크 위에/ 먼지가 눌러앉았다"(「회백색의 슬픈 오후」 부분)는 감각적 충일을 훼손하지 않으면서 이미지의 감각성을 보이고 있다. 다음은 자연을 관조적 자세로 바라보며 자아의 정서를 배격한 사물을 관찰하는 태도를 볼 수 있다. "운무는/ 가라앉고// 샛별은/ 떠났는데// 적막한/ 고요는// 물 위에 달처럼/ 환하다"(「호수」 전문)

는 4연 8행의 단시는 세련미가 나타나고 있다.

3

N. 프라이에 의하면 "시는 한없는 사회행위와 한없는 인간사고의 모방으로서, 개별적인 존재이면서도 동시에 인간 전체가 되는 한 사람의 정신의 모방"이라고 했다. 개인의 의식이 사회의식으로 확산되는 시 「청문회」가 있다.

가을을 인식하는 날부터
푸른 근육질은
부드러워지기 시작했다

하늘을 우러러보듯
그냥 지나치지 않고
발길을 돌리는 그들에게
보란 듯이
어깨를 으쓱거리며
노랗게 물들었다

찬바람 수상하게
기웃거려도 바람의 짓이기에
웃어 주면서
여문 열매 머리가 깨어지는 줄 모르고
땅바닥으로 뛰어내리고

우러러보던 그들

못 볼 것을 본 것처럼
발바닥을 살피며 지나갔다

청문회가 시작됐다
나는 똥을 삭인 것밖에 없다고
잎마저 다 털어낸다고 하는데
나뭇잎에 벌레 먹는 소리가
서걱서걱 깊다

—「청문회」 전문

위의 시는 5연 22행으로 짜여졌다. 1연의 "가을을 인식하는 날부터/ 푸른 근육질은/ 부드러워지기 시작했다"의 출발이 예사롭지 않다. 부드럽지만 뼈가 있다는 느낌은 어찌할 수 없다. 2연의 "보란 듯이/ 어깨를 으쓱거리며/ 노랗게 물들었다" 또한 심리적 형태가 시시비비다. 거기에 수상하게 여긴 것을 화자는 지명한다. 3연에서 이 시의 핵심이듯 "바람의 짓"이라고 꼬집는다. 4연의 "우러러보던 그들/ 못 볼 것을 본 것처럼/ 발바닥을 살피며 지나갔다"는 실속은 그 자체가 비판이라는 것을 5연의 "청문회가 시작됐다"는 사건에서 일정한 수준의 효과를 내고 있다. 즉 다른 세계의 공존에서 드러나는 "나뭇잎에 벌레 먹은 소리"의 현실세계를 비판하고 있다. "뛰고/ 넘어지고/ 일어선 자리// 꿈으로/ 또랑또랑 포개진/ 아이들의 발자국들/ 드문드문 피었어도/ 좋으련만// 밀알 같은 온기로 맥을 이어가는/ 교실에는/ 봄바람이 유들유들/ 산수유가 피었구나// 노랑꽃 예쁜 것처럼/ 뛰고 넘고 일어선 자리/ 오래오래 있었으면, 그 자리에"(「폐교를 앞둔 교정」 전문)는 현실에서의 상실감을 벌충하고자 한다.

그곳에 가면
오래된 바다를 만나고
그곳에 가면
오래된 바람을 만나고
그곳에 가면
신화가 되어 있는
수많은 이야기를 만날 수 있네
오래된 세월의 지느러미가
층암절벽을 가볍게 타고 흐르니
책마다 바닷길이 환하게 열려
햇빛에 반짝이는 물고기 비늘
달빛에 은근한 고운 물결을
한 권의 책으로 엮어 고와라
채석강 생애를 가슴에 담으니
더 깊은 바다가 내 안에 들어와
시간 너머 시간을 꿈꾸게 하여
새파란 희망이 살아나고 있어
풀물에 들다

—「채석강」 전문

「채석강」은 층위의 구성이 다양하다. 층암절벽을 자세히 관찰하고 묘사하려는 태도가 동행한다. "오래된 바다를 만나고" "오래된 바람을 만나고" "오래된 세월의 지느러미"는 신화적 요소를 제시하며 가시적인 "책마다 바닷길이 열려"라고 하여 '책'과 '바다'의 합일을 통해 상상의 공간을 확장한다. 이처럼 복합적인 이미지들이 궁극적으로 시각 이미지로 번역되고 '채석강'을 인식하는 데 나름의 해석을 가하고 있다. 그리하여 "새파란 희망"이라는 지각을 경험한다. 르노 바르바라는 지각을, "무엇을 구체적인 현전에 해당하는 감각적 특징"으로 감정과 구별된다고 하였다. 결국 "새파란 희망"의 존재방식을 구현한 것이라고 하겠다.

4

갓 구워 낸 보리굴비는
큰 접시를 차지하고
나긋나긋하게 누웠다

냄새부터 일품이다

기름기를 뺀 뱃살에 젓가락질하는
무례함에 견딜 수 없었는지
숨겨 놓은 가시가 목젖을 찔러댄다

콱콱

회오리치는 목젖에
식탁은 순식간에 먹구름이 일고
겸연쩍게 빠져나온 가시 하나에
식은땀을 흘렸다

보리굴비의 일미
나긋나긋하다고 얕보면 안 된다

주눅이 든 젓가락질
바다를 평온하게 조망하며
보리굴비 물에 말아 넘기니

숨겨 놓은 가시 저절로 녹았는지
목젖이 부드럽다

—「보리굴비」 전문

위의 시에서 "목젖을 찔러댄다"와 "목젖이 부드럽다"에 주목하지 않을 수 없다. 나긋나긋함의 이중성에 의해 발생한 것인데 시각과 촉각의 물리적 질감을 부여하고 있다. 물론 복합적인 시각과 미각의 충돌이기도 하지만 발상이 예사롭지 않다. "해바라기 꽃 1주지가 되고/ 홍화색 꽃으로 주변을 싸고/ 과꽃이 풍성하게 담을 치장하는/ 꽃꽂이의 기본임에도/ 신이 난 식탁"(「반찬보다 꽃」 부분)에서 식탁은 물리적 질감으로 역동성을 보이고 있다. 식탁으로 시적 분위기를 장악해 내는 보다 안정적으로 대상세계의 시각적 지평을 조직해 내고 있는 장면들이다.

① 이것은 시대의 시련이다 자유스럽게 뻥뻥 쏟아져 내리는 폭포수의 포말로 그려지는 무지개를 바라보던 시간은 언제쯤 올까 무표정 속에 흘러 들어온 가을이 쓸쓸하다

—「코로나19 - 정박해 있는 것에」 부분

② 쉼 없이 넘겨대던 모줄 아래/ 채워지던 논바닥/ 개구리 소리로 한창일 때// 풍년이 올 거라고 하시던/ 아버지의 말씀처럼// 그해 가을/ 가마니를 꾹꾹 누른 쌀/ 볼록한 항아리마다 잡곡들/ 곡간 가득 채웠다

—「곡간의 비밀」 부분

①에서 "이것은 시대의 시련이다"라고 하여 우울과 슬픔을 토로했다면, ②에서 "쉼 없이 넘겨대던 모줄 아래"라고 하여 시선의 이동을 감지하게 한다. ①의 우울과 슬픔을 '무지개를 바라보던 시간'에서 현재의 답답함을 부제로 달고 있는 "정박해 있는 것에"서 찾을 수 있다. ②의 시선은 '풍년'을 향한다. 회상의 기억이지만 그리움의 정서가 병치되어 있는 것을 볼 수 있다. 부정과 닫힘의 강화, 긍정과 열림의 강화를 이미지화하는 표현의 형상화는 화자의 내면을 반영한다.

5

황예순 시인은 현실이나 사물의 현상을 형상화함으로써, 그 본질에 다가서려고 노력하였다. 시인의 지각 체험은 시인의 참여로써 리얼리티를 지향하는 이미지를 드러냈으며, 이러한 성립은 시인의 시선이 능동적으로 개입한 것에 있다. 오래도록 여운에 머물게 하는 현재적 감각의 승화를 이루는 충일한 시사를 기대한다.